EXTRAIT DU PROCÈS

DE

M. BERRYER.

COUR D'ASSISES DE LOIR-ET-CHER,

16 ET 17 OCTOBRE 1832.

—

PLAIDOYER DE Mᵉ FLAYOL.

PARIS.

LOUIS JANET, LIBRAIRE-ÉDITEUR,

RUE SAINT-JACQUES, 59.

—

1832

IMPRIMERIE DE DCCESSOIS, QUAI DES AUGUSTINS, 55.

Dans la défense que j'avais l'honneur de partager avec Me Fontaine, ma tâche était de faire connaître M. Berryer à ses juges, de mettre sous leurs yeux ce qu'en style de cour d'assises on appelle les *antécédens de l'accusé*.

Il fallut se taire devant une accusation ruinée dans tous les esprits, et noblement abandonnée d'ailleurs par la consciencieuse indépendance de M. l'avocat-général.

Mais ce tableau de la vie publique et des doctrines de M. Berryer, quoique en dehors des faits de l'accusation, a trouvé naturellement sa place dans la publication de ce procès mémorable. Si cette partie de la défense fut inutile devant le jury de Blois, elle aura toujours son opportunité devant le public, ce jury permanent de tout homme politique.

Dans le *recueil du procès*, j'ai dû dépouiller ce travail des formes du discours, que je lui restitue, en publiant séparément mon plaidoyer pour M. Berryer, tel que je le commençai avec mes opinions, tel que je l'achevai, les 16 et 17 octobre, avec les émotions de l'audience.

Je sais qu'une publication de ce genre a quelque chose d'insolite, quoiqu'elle soit autorisée au barreau par plus d'un exemple. Mais je la destine surtout aux personnes qui ont assisté aux débats de la cour d'assises de Blois, et qui en ont gardé les vives impressions : quant à moi, ce brillant auditoire, cet accusé, ces juges, et toutes les scènes de ce drame si imposant et si animé ne sortiront jamais de mon souvenir.

EXTRAIT DU PROCÈS

DE M. BERRYER.

COUR D'ASSISES DE LOIR-ET-CHER,

16 et 17 octobre 1832.

PLAIDOYER DE Me FLAYOL.

Messieurs,

Le procès intenté à M. Berryer était depuis long-tems jugé par l'opinion publique; elle n'a jamais vu dans cet accusé un coupable, mais une illustre victime d'inimitiés toutes-puissantes et d'une grande erreur judiciaire.

Aussi, messieurs, le spectacle qui nous est offert en ce moment me console sans me surprendre. Je savais que tous ces mystères d'iniquité seraient dévoilés au jour de l'audience, et que cette honteuse intrigue ne pourrait soutenir les regards d'un homme de bien. Gloire au magistrat qui, dans un poste où d'autres montrent pour le pouvoir de si tristes complaisances, a su garder intact l'honneur de sa toge! Au nom de nous tous, je lui renvoie ces applaudissemens que la dignité de son ministère a pu refuser tout-à-l'heure, mais que j'ai besoin de lui payer comme une dette de tous les cœurs.

Il me tardait aussi de proclamer la haute impartialité du magistrat qui préside à cette audience, et de dire à mon tour que c'est lui qui nous a rendu la justice si long-tems absente pour nous. Personne ici ne prendra mes paroles pour une vaine formule oratoire : ce public hommage était un devoir dans un procès où la police a osé convier la magistrature française à d'impures alliances.

Il est donc vrai que M. Berryer est quitte enfin avec le mauvais génie qui semblait avoir scellé les portes de sa prison, et qu'il n'aura plus de geôliers puisqu'il a trouvé des juges. Des juges! il les appelait comme d'autres pourraient les redouter et les fuir. Car, messieurs, partout où l'esprit de parti cède à l'esprit de justice, le sort lui aurait donné, ainsi que parmi vous, douze hommes probes et libres pour l'entendre, c'est-à-dire pour l'absoudre.

Et pourtant, l'impuissance de l'accusation ne nous suffit pas. Si elle ne rencontre plus ici qu'une réprobation unanime, puis-je oublier que, dans cette enceinte agrandie, la France entière assiste à nos débats; que dans M. Berryer on a voulu traduire à votre barre toute une opinion dont il est le plus éloquent organe; que les électeurs qui l'ont honoré de leurs suffrages s'étonnent et s'indignent qu'on ait travesti en un obscur agent de complot, l'orateur auquel ils avaient confié le mandat de proclamer leurs sentimens et leurs doctrines.

Dans cette haute position, ce n'est pas assez pour M. Berryer d'une sentence d'acquittement, et il serait trop commode pour le pouvoir, après l'avoir fait calomnier pendant quatre mois, d'éviter l'éclat de sa justification complète. C'est l'homme politique qu'on voulait atteindre, c'est l'homme politique que nous saurons défendre.

D'ailleurs, messieurs, les noms qui appartiennent à la renommée sont trop souvent chargés des faux jugemens à travers lesquels passent presque toujours ceux qui s'engagent dans la lutte des partis. C'est la destinée commune aux célébrités de tous les tems et surtout de notre époque; et M. Berryer n'a pas échappé sans doute à ce malheur de sa gloire. Il faut donc vous le faire connaître, d'une manière plus intime et plus vraie, par le court exposé de ses principes et de sa vie politique.

Il faut que M. Berryer paraisse tel qu'il est, parce que, dans ce procès, ses opinions mal jugées sont devenues, auprès de ses accusateurs, des présomptions de criminalité;

Il le faut, parce qu'il est transporté aujourd'hui loin du théâtre accoutumé de ses travaux, loin de ceux qui, pendant longues années, ont pu suivre l'enchaînement de ses actions et de ses paroles;

Il le faut, parce que le procès est là, avec tous ses scandales, dans cet acte d'accusation dont nos fastes judiciaires n'offrent pas d'exemple, et que cet homme si loyal et si ferme dans l'expression publique de ses convictions, a été poursuivi et calomnié dans l'exercice des droits les plus incontestables, comme avocat, comme écrivain, comme Député. Et je sais, Messieurs, moi que son amitié a fait pénétrer dans son âme, qu'il lui importe plus de sortir victorieux du débat où son honneur était engagé, que de la lutte qu'on voulut faire si menaçante pour sa liberté et pour sa vie.

M. Berryer, racontant lui-même l'origine de ses opinions politiques, disait à la Chambre des Députés: « Je réclame le pri- » vilége heureux de mon âge qui me fit étranger à l'ancien » régime, à l'émigration, à la république et au système de » l'empire. Ma carrière a commencé au milieu du bruit des « armes. Je me suis, en quelque sorte, éveillé au monde aux » cris de gloire de l'empire, alors que les vieilles querelles » étaient étouffées. Je n'ai connu la liberté, l'ordre, les lois, la « discussion des droits, la défense des intérêts publics ou privés, » que dans la France telle que la restauration l'a faite (1). »

Il appartenait à un esprit élevé, en présence de cette profonde catastrophe de l'empire, de comprendre combien il y a de péril

_____

(1) Chambre des Députés, séance du 9 décembre 1830.

pour le repos et le bonheur de la société, lorsque la force qui la conduit et la protége repose toute dans un homme quelque grand qu'il soit. La succession est rare de ces êtres extraordinaires qui imposent à leurs semblables le pouvoir manifesté par leur génie : et cependant la société est incessamment avide et d'ordre et de protection. Un principe immuable, inviolable, dominant et consacrant tous les droits et tous les intérêts, peut seul subvenir à ces défaillances de la nature. Aucune race n'a reçu le privilége magnifique de n'enfanter que des héros : mais chez une race attachée au trône, et, comme a dit M. De Bonald, condamnée à la royauté par la loi politique qui règle la souveraineté dans un état, chaque génération se fortifie de cette loi dont elle accroît à son tour la puissance ; et l'homme roi, fils de ses aïeux, est toujours grand, parce qu'il représente toute la majesté du principe qui vit en sa personne.

Ces vérités que l'observation nous révèle, la France les comprit par instinct : elle pressentit que, parce qu'on rétablissait le droit sur le trône, on allait le rétablir partout.

Il est facile maintenant aux ennemis de la restauration de crier à la répugnance, aux baïonnettes étrangères. Le temps, en emportant nos querelles d'un jour, fera justice de cette ingratitude ; et les acclamations de la France de 1814 couvriront dans l'avenir ces calomnies posthumes qui voudraient faire mentir l'histoire (1). La restauration gardera son beau nom dans nos

(1) « Il n'y a eu de liberté pour la France qu'à dater de la promulgation
» de la Charte et de l'établissement de la monarchie constitutionnelle par
» Louis XVIII. Ce qui reste certain, en dépit de toutes les déclamations
» du monde, c'est que la France n'a été vraiment libre que sous la
» monarchie constitutionnelle. » (Journal des Débats, du 1er sep-
. tembre 1832.)

« L'empereur nous avait ôté la liberté de la presse, la Charte nous
„ l'a rendue. L'empereur nous avait ôté la liberté de la tribune, la
» Charte nous l'a rendue. L'empereur, en un mot, avait détruit le
» gouvernement représentatif, la Charte nous l'a rendu. Ce sont là des
» faits qu'on peut taire, mais qu'on ne peut pas anéantir. » (Idem
» 4 septembre 1832.)

— ...Le roi veut cicatriser nos plaies, tarir la source de nos maux, et

annales ; la postérité dira que , par le retour du pouvoir légitime , la France put se reposer de ses longues agitations politiques, et jouir enfin de cette *prospérité sans exemple* , dont
parlait naguères une voix indépendante de l'opposition (1).

L'amour de la liberté même dut faire de M. Berryer le défenseur du principe monarchique, parce qu'il était convaincu qu'elle
ne pouvait se concilier avec l'ordre qu'autant qu'elle serait
contenue par la loi fondamentale de la transmission de la
souveraineté en France. Cette alliance de la légitimité et de la
liberté est devenue le but constant de ses efforts et la foi politique
de toute sa vie.

Aux yeux d'un homme qui entendait ainsi la royauté , la
violence était une fâcheuse altération de l'essence même du
pouvoir légitime, qui ne doit pas avoir un sentiment inquiet de ses
droits et de sa force, et qui s'offrait à lui , non comme une do-
mination , mais comme une immense sécurité pour le pays. Aussi
M. Berryer qui avait fait , en volontaire royal, ce voyage de Gand
que d'autres ont oublié depuis pour un voyage plus utile et moins
long, ne voulut pas, après la victoire , de ces procédures crimi-
nelles qui ressemblaient trop à une vengeance ; il ne voulait pas
que le vainqueur fît de la place de Grève un supplément au
théâtre de tant de combats , et que le bourreau vînt glaner sur le
champ de bataille. Entré , vers cette époque , dans la carrière où
il devait rencontrer tant de gloire, M. Berryer lutta donc généreu-
sement contre l'esprit réactionnaire qu'imprimaient à la seconde
restauration ces hommes qui exploitent et perdent tous les pouvoirs auxquels ils touchent ; bénéficiaires inamovibles de tous

---

nous procurer *cette paix qui a fui loin de nous avec les Bourbons
et qu'eux seuls pouvaient nous ramener.* (Lettre de M. Dupin aîné, aux
électeurs de la Nièvre, en 1815.)

—... Sire , le peuple chérit et respecte votre autorité : *quinze ans de
paix et de liberté qu'il doit à votre auguste frère et à vous* ont profondément enraciné dans son cœur la reconnaissance qui l'attache à votre
royale famille. (Adresse des 221, 18 mars 1830.)

(1) M. Pagès.

les événemens, dont l'habileté sauve toujours un portefeuille dans les naufrages politiques, et qui regardent sans pleurer la chute d'une dynastie, pourvu qu'ils lui survivent.

Chose étrange, messieurs! les premiers cliens de M. Berryer étaient poursuivis en vertu des ordonnances de ce ministère de 1815, dont M. Berryer, accusé à son tour, retrouve encore les principaux membres à la tête des affaires publiques (1).

Il assista son père dans la défense du maréchal Ney, pour commencer le patronage de tant d'infortunes. A Nantes, où M. Berryer dut être jugé d'abord, Cambronne, en cheveux blancs, serait venu s'asseoir près de son jeune avocat de 1816, et sans doute l'épée du vieux soldat de Waterloo aurait pesé un peu plus que celle du lieutenant–colonel Tournier dans la balance de votre justice.

M. Berryer, qui voulait que la royauté fût toujours assez forte pour pardonner, s'adressa plus d'une fois à la clémence royale, cet *illustre défaut* des Bourbons. Il n'avait pu sauver le général Debelle à l'audience, il alla se jeter suppliant aux pieds de celui-là même contre qui le général avait pris les armes. L'avocat entendait les intérêts de la royauté, comme le prince les sentimens de sa race. « Il aura son pardon, fut-il répondu, » parce qu'il s'est battu contre moi. » On se souvient qu'Henri IV, dans une revue, tendit la main au soldat qui l'avait blessé à Arques. Heureux les princes qui trouvent leurs exemples dans leurs traditions de famille!

––––––––––––

(1) 24 juillet 1815. — Ordonnance du roi qui prescrit l'arrestation et la traduction devant les conseils de guerre de plusieurs généraux et officiers, Ney, Cambronne, Debelle, etc.

Il est dit que cette ordonnance ne pourra jamais être étendue à d'autres individus que ceux y dénommés, pour quelque cas et sous quelque pré-texte que ce puisse être, autrement que *dans les formes et suivant les lois constitutionnelles auxquelles il n'est expressément dérogé que pour ce cas seulement.*

MM. Pasquier et Louis étaient ministres ; M. de Talleyrand était pré-sident du conseil, M. de Cazes préfet de police, *etc.*

Plus de proscrits! telle était la généreuse politique de M. Berryer: aussi ce fut un noble privilége pour lui d'invoquer sa
conduite de 1816, lorsque, quinze ans plus tard, on porta une
accusation capitale contre les ministres de la royauté qu'on
avait proscrite. Ses antécédens ajoutèrent leur autorité aux
maximes de justice qu'il proclamait en face de ces vainqueurs
qui, peu contens de la chute d'un trône et de l'exil de trois
générations de rois, voulaient pousser la lutte jusques à l'échafaud (1).

---

(1) «... J'exprime ici, Messieurs, une pensée profondément gravée
» en mon cœur, et, pardonnez-moi de le dire, j'ai quelque droit de
» l'exprimer avec confiance. *En 1815, déjà pénétré de sentimens qui
» ne s'éteindront qu'avec ma vie,* alors que les passions politiques étaient
» partout ardentes, et plus excitées en moi par la chaleur d'une extrême
» jeunesse, je me disais : Un empoisonneur, un voleur public, un par-
» ricide sont toujours criminels, et doivent être condamnés en tout temps,
» en tout pays. Il n'en est pas de même des criminels d'état : donnez-leur
» seulement d'autres juges; que le temps calme les intérêts, modifie les
» passions, leur vie sera en sûreté et peut-être en honneur.

» C'est dans cette pensée que je m'assis près de mon père pour la dé-
» fense du maréchal Ney, et que je parvins du moins à sauver les jours
» des généraux Debelle et Cambronne. »

Les paroles par lesquelles M. Berryer termina sa réponse au projet
d'accusation contre les ministres de Charles X, sont le jugement du jugement lui-même.

« ... La Charte dit que la personne du roi est inviolable et sa-
» crée, que ses ministres seuls sont responsables ; ces deux principes sont
» corrélatifs, dépendans l'un de l'autre, inséparables l'un de l'autre. La
» responsabilité des Ministres est la garantie de l'inviolabilité du roi;
» cette inviolabilité des personnes royales est le fondement de la respon-
» sabilité des agens du pouvoir... En frappant le roi lui-même par
» la perte de ses droits, vous avez réputé qu'il avait voulu, commandé,
« exigé, et vous ne pouvez désormais punir ses ministres de leur obéis-
« sance. La révolution que vous avez consommée a anéanti l'ordre
» politique que l'accusation des Ministres n'aurait eu pour but que de
» maintenir et de venger....... Vous ne pouvez pas vous faire leurs
» accusateurs, et je ne leur vois plus de juges sur la terre de France. »
(Chambre des députés. — 27 septembre 1830.)

Et maintenant, messieurs, que vous semble des opinions monarchiques de M. Berryer, de ce royalisme élevé, qui, mé-
prisant les petitesses des partis, ne voyait sous la protection
d'un principe inviolable, que l'action commode et facile du pouvoir, et le libre exercice des droits de tous? il peut s'enorgueillir
de son dévoûment à la royauté, lui qui la regarda toujours comme
la base des intérêts sociaux, et qui ne lui a jamais demandé que le
bonheur de la France.

Entré dans ces doctrines par un mouvement patriotique et national, M. Berryer, dans lequel les maîtres de l'art voyaient déjà
l'avenir d'un grand orateur, ne pouvait que vivement désirer
de voir se développer en France les institutions que Louis XVIII
y avait fondées. Comment aurait-il traité en ennemie la liberté
de parler et d'écrire, lui chez qui les inspirations d'un patrio-
tisme sincère secondaient si bien l'instinct du talent? l'homme
doit aimer ce qui fait sa gloire.

M. Berryer apporta dans les discussions publiques la bonne
foi de ses convictions, et cette franchise qui ne s'est pas dé-
mentie. Alors, comme aujourd'hui, fidèle à la double cause de
la royauté légitime et de la liberté, mais trop jeune encore pour
recevoir les suffrages de la France électorale, il fit, pour ainsi
dire, le noviciat de la députation dans le barreau, devenu, depuis l'établissement du gouvernement représentatif, une véritable tribune. Il faudrait entendre ceux qui parurent avec lui
dans ces luttes judiciaires déjà loin de nous, rendre justice à la
loyauté de ses principes : ces mêmes hommes placés maintenant
dans des situations diverses et dans des camps opposés, lui ont
gardé toute leur estime, et de précieux témoignages en sont
arrivés jusqu'à lui sous les verroux de sa prison. Qu'est-il besoin
de vous dire la sympathie universelle que sa cause a excitée au
barreau (1)? On savait là que sa voix généreuse secourut toutes

_____

(1) Pendant la longue captivité de M. Berryer, le conseil de l'ordre
des avocats de Paris prit une délibération inspirée par les sentimens de la
confraternité la plus touchante.

les infortunes, et qu'elle ne manqua jamais à la liberté qui eut aussi ses malheurs.

Vous ne verrez pas sans intérêt, messieurs, comment, dès 1817, M. Berryer protégeait d'un langage indépendant et ferme la liberté individuelle, et appelait la responsabilité des agens du pouvoir :

« Les lois sont faites pour la protection de tous ; les invoquer
» lorsqu'on les viole, est du devoir du dernier citoyen comme
» du premier ministre. C'est peu que le pacte social promette la
» liberté politique, il faut que toutes les institutions secondaires
» concourent à protéger cette liberté, et que toutes les parties de
» la législation garantissent à la fois le respect qui lui est dû et
» la vengeance des atteintes qui lui seraient portées..... Nous
» devons nous attacher fortement à deux choses : la première
» est de ne point tolérer qu'on aille chercher, dans la législation
» des temps de persécution et de terreur, des entraves à la li-
» berté que le Roi nous a donnée, et qu'il ne soit point permis
» de recourir aux lois créées sous le despotisme, pour régir un
» peuple rendu à son gouvernement légitime. Les agens du pou-
» voir insulteraient à la France, si, lui montrant d'une main la
» Charte de ses libertés, proclamée par Louis XVIII, ils la me-
» naçaient de l'autre de modérer ces libertés par les décrets et
» les senatus-consultes de Bonaparte. Les Français qui atta-
» chent quelque prix aux lois de leur pays et aux institutions
» royales, doivent, surtout en ce temps où nous nous essayons
» à une sage liberté, revendiquer avec ardeur l'entière et franche
» exécution des lois : ils ne doivent pas souffrir qu'on introduise
» impunément, dans cette exécution, des abus qui de leur nature
« s'accroissent et se multiplient sans cesse. Les ministres et les
» agens de l'autorité qui se rendraient ainsi coupables envers le
« gouvernement et les gouvernés, ne doivent point pouvoir
» échapper à la responsabilité légale qui pèse sur eux. Une
» responsabilité purement morale ne suffit pas ; elle serait peu re-
» doutable pour un ministre que la confiance de son maître con-
» solerait de ne pas obtenir celle de la nation..... » (1).

(1) Mémoire à consulter pour le sieur Antoine Chedel, négociant, contre M. le comte Anglès, préfet de police ; 14 septembre 1817.

Ces paroles n'ont rien perdu de leur à-propos dans un temps où l'on traite avec si peu de respect la liberté individuelle. Nous parlons à présent sans effort le langage constitutionnel ; mais nous serions ingrats si nous ne reportions un regard reconnaissant vers ceux qui furent, pour ainsi dire, les maîtres de cette langue qui nous est devenue familière.

M. Berryer combat aujourd'hui pour la liberté religieuse contre des hommes qui croient la respecter assez, lorsque, timides à relever les croix abattues, ils se montrent si exigeans pour commander la prière par ordonnance et la formuler au Bulletin des lois. Mais, en d'autres temps déjà, M. Berryer avait défendu cette liberté, et surtout au jour où l'on vit s'asseoir sur les bancs de la police correctionnelle un prêtre de Dieu, ce Lamenais, qui naguère, renouvelant l'humilité sublime de Fenélon, a fait admirer en lui une haute vertu de ceux même qui n'avaient admiré que son génie.

Vous savez, messieurs, comment, avec certains mots, on fait peur aux esprits faibles. Le droit divin (1) est encore un épouvantail avec lequel les habiles cherchent à effrayer les imaginations crédules. Voici comme l'entendait M. Berryer : « A qui osera-t-on faire » un crime, s'écria-t-il à la fin de ce mémorable procès, de véné- » rer dans son cœur et dans ses paroles cette grande puissance » spirituelle qui, toujours vigilante pour les rois et pour les peu- » ples, leur fait sans cesse entendre ces nobles enseignemens, » fondemens sacrés de tout ordre, de toute dignité, de toute li- » berté dans les états : Peuple, obéis à ton roi, il est l'image » de Dieu sur la terre ; roi, garde-toi d'oublier dans les pompes » de ta grandeur que le dernier de tes sujets est ton frère (2) !

« L'absolutisme et le droit divin, disait-il naguère (3) ! étrange

---

(1)... La légitimité! ce droit divin, qui n'est cependant autre chose que l'hérédité monarchique. (M. Hennequin, défense de la *Gazette*, affaire Kergorlay.)

(2) Plaidoyer pour M. l'abbé de Lamenais, 21 avril 1826.

(3) Plaidoyer pour *la Gazette de France* contre *le Constitutionnel*, 12 novembre 1831.

» et criminel rapprochement des principes les plus opposés ! Le
» droit divin ! Mais c'est la liberté, c'est l'égalité entre les hom-
» mes, c'est l'éternelle loi qui les appelle à vivre en société,
» mais qui n'a point réglé les formes variables des sociétés politi-
» ques, dicté leurs constitutions, leurs lois intérieures; qui n'a
» attribué à aucun homme une autorité propre et personnelle sur
» ses semblables. Républiques ou monarchies, tous ces états,
» tant qu'a subsisté au fond des consciences une autorité plus
» grande que celle des lois mêmes, plus puissante que le pou-
» voir humain, ont pu mettre sous la garde de la religion les lois
» fondamentales, les lois sanctionnées par une longue expérience,
» par les suffrages des siècles. Que le dieu Terme fût placé aux
» limites des champs, que la statue de la Concorde s'élevât sur
» les places publiques, qu'une cérémonie sainte ait consa-
» cré le prince appelé au trône par les lois antiques du pays,
» ces garanties sacrées des droits sociaux n'en étaient point le
» principe. »

Je ne sais en vérité comment le libéralisme le plus susceptible
pourrait s'offenser d'un langage où l'esprit religieux et monarchique
s'inspire si bien de l'amour de la liberté. Avouez, messieurs,
qu'il y a là de quoi rassurer tous ceux qui, pour ne pas faire
descendre le pouvoir de si haut, le font quelquefois monter de
si bas.

La Charte de 1830 à la main (1), M. Berryer réclame aujour-
d'hui la liberté d'enseignement, toujours promise et sans cesse
ajournée par un pouvoir qui a mis plus de temps à reconstituer
la servitude provisoire de cet enseignement, qu'il n'en aurait fallu
pour organiser sa liberté définitive. Et ne l'avait-il pas déjà dé-
fendue, lorsqu'un ministère trop complaisant livra les dépouilles
du sacerdoce à des haines aveugles, et jeta l'interdit sur
les droits de ceux qui ont reçu mission d'aller et d'ensei-
gner (2) ?

---

(1) « Il sera pourvu, *dans le plus court délai possible*, à l'instruc-
tion publique et à la *liberté d'enseignement*. » (Art. 68 de la Char-
de 1830.)

(2) Écrits de M. Berryer sur les ordonnances du 16 juin 1828.

Quant à la liberté de la presse, messieurs, de 1817 à 1832, de la *Quotidienne* jusqu'aux *Débats qui depuis...* la nomenclature serait longue des écrivains et des journaux que M. Berryer a défendus devant toutes les juridictions.

Je dois vous rappeler au moins ce fameux procès où il fit preuve de tant de franchise et d'indépendance. Dans les poursuites intentées à la *Quotidienne,* il vit la liberté de la presse compromise par d'obscures intrigues. Devant un grand devoir, il n'hésita point entre la liberté menacée et des amis imprudens. On se souvient encore avec quelle courageuse audace il démasqua les puissans du jour, « qui s'en allaient, la bourse à la main, » solliciter et ébranler les consciences, gens qui savaient acheter » des opinions et ne savaient pas les défendre (1), » Il leur renvoya comme un anathème ces mots : *Vendez-nous un procès,* qui révélaient une tentative d'amortissement de la pensée publique.

Tel au reste se montra dans toutes les occasions M. Berryer. Jamais il ne rabaissa la question de la royauté à ces questions de ministérialisme dont la science s'est depuis si perfectionnée. Jamais il ne fut esclave de ces transactions où les intérêts étroits des partis l'emportent sur le bien public et font taire la voix de la conscience ; et il a pu se rendre devant vous cette justice « qu'il a » toujours eu le courage de dire la vérité à ses ennemis, et le » courage plus difficile de la dire à ses amis. »

Au lieu de tirer profit de ses opinions, comme tant d'autres, M. Berryer ne leur a fait que des sacrifices. Pendant dix ans il eut accès auprès des hommes du pouvoir, et on ne le vit pas exploiter cette bonne fortune pour lui ou pour les siens. Loin des fonctions publiques où l'appelaient tant de vœux, il défendit les principes conservateurs de sa libre parole, aimant son pays pour le pays lui-même, ajoutant ainsi à ses doctrines cette dignité que donne l'indépendance. Noble désintéressement, vertu si rare en ce temps

_____

(1) Plaidoyer pour M. Michaud, affaire de *la Quotidienne*, 25 juin 1824.

où, quand l'égoïsme est satisfait, le népotisme est si exigeant encore.

Si M. Berryer sollicitait quelquefois, c'étaient des récompenses pour des serviteurs méconnus, ou des grâces pour des malheureux : il se faisait le protecteur et le pétitionnaire de l'infortune et de la fidélité. Il a continué sa touchante mission, en plaidant à la tribune la cause des pensionnaires de la liste civile, dont la misère ne pouvait plus invoquer la bienfaisance de ces princes qui n'avaient pas même économisé pour l'exil (1).

A cette époque de la vie de M. Berryer, se ratttachent des souvenirs que je ne saurais, sans ingratitude, passer sous silence. Cet homme, voué à des doctrines monarchiques toutes nationales, était comme tourmenté d'un esprit de prosélytisme qui est le caractère des opinions de conviction et de bonne foi. Il ne se contentait pas des combats quotidiens de la presse et du barreau, il ouvrit une école (2).

C'est là, messieurs, qu'une jeunesse avide écoutait les enseignemens qu'il avait recueillis d'une étude profonde du vieux droit public français. C'est là que, ressuscitant à l'admiration de ses auditeurs, ce qu'avait de grand et de bon ce passé tant calomnié et si peu connu, il nous montrait la royauté parée de la majesté des siècles, se dégageant peu-à-peu des abus dont le temps la débarrassait dans sa marche. Formé aux leçons des anciens magistrats de nos parlemens, en qui reluisaient tant de vertus, *que les lois étaient vraiment animées en leur parole* (3), il avait appris d'eux ces principes de liberté et d'attachement à la monarchie qu'il puisait ainsi à leurs sources les plus vénérables et les plus fécondes. Il nous rapportait ensuite de ce glorieux commerce les plus nobles maximes. L'Hôpital nous redisait par sa voix: « Le plus sûr » pour le prince qui désire son bien, sa grandeur et la conti-

_____

(1) *Voyez* surtout son discours à la séance du 9 novembre 1831.

(2) Société des Bonnes-Études.

(3) Le chancelier Duvair.

» nuation de son sceptre en sa lignée, est de rendre la justice
» égale à ses sujets, et de les garder de toute oppression et vio-
» lence. La vertu royale c'est la justice, et la justice c'est la
« liberté. »

Qui de nous, messieurs, ne tressaille encore à ces paroles de
Talon à Louis XIV: « Vous êtes, Sire, notre souverain seigneur: la
» puissance de Votre Majesté vient d'en haut; elle ne doit compte
» de ses actions, après Dieu, qu'à sa conscience. Mais il importe
» à sa gloire que nous soyons des hommes libres et non pas des
» esclaves. La grandeur de son état et la dignité de sa couronne se
» mesurent par la qualité de ceux qui lui obéissent. » A-t-on mis
jamais plus d'orgueil dans le respect, et plus de fierté dans l'obéissance même?

C'est ainsi que, tout en reconnaissant les besoins progressifs
de notre état social, M. Berryer nous instruisait à chérir les
institutions du pays sans rougir de nos pères, et que ses doctrines, où la sève des idées nouvelles rajeunissait la puissance
des traditions antiques, faisaient du présent l'image perfectionnée du passé.

Ne vous étonnez pas, messieurs, si je m'arrête avec com-
plaisance devant ces souvenirs. J'aime à vous parler des temps
où j'ai reçu de M. Berryer ces graves enseignemens que ma
mémoire a gardées; et par une illusion touchante, je le re-
place dans la chaire qu'il illustrait de son éloquence, et qu'en-
touraient de nombreux auditeurs. Ses auditeurs! j'en ai rencon-
tré ici même, dans ce barreau, et jusques dans le parquet de
ce tribunal (1). Ah! quand les disciples de Berryer remplissent
le banc de la défense, quand notre maître est au banc des accusés, il est consolant du moins de voir ce jeune magistrat se
tenir éloigné du siége où l'on accuse, et vous envoyer les vœux
de son cœur dans chacune de mes paroles.

Déjà sans doute il vous a paru, messieurs, que mon langage

_____

(1) M. Cambefort, substitut de M. le Procureur du roi près le tribunal de
Blois.

ressemble beaucoup à un éloge. Et j'en suis fier ; et c'est
l'honneur de M. Berryer qu'il n'ait rien à taire dans son
passé, et que chaque action de sa vie se lève comme un témoin
devant vous. Car ces fers me pesaient à moi ; car je trouvais
bien longs aussi les longs jours de sa captivité. J'éprouvais je
ne sais quel douloureux saisissement à la vue du patron de tant
d'infortunes, à qui l'on a fait, dans cette enceinte, une place
si nouvelle pour lui. Je ne comprenais pas comment les rôles
avaient pu changer à ce point de voir un client dans celui qui
me soutient et me protège de cette place même qui demande
protection et appui. Je ne pouvais m'accoutumer à l'idée que
je venais ici défendre mon maître , ou plutôt un ami : c'est le
nom qu'il nous a donné depuis que, fidèles à la voix du captif,
nous avons suivi de prison en prison cette grande destinée politique à laquelle il manquait encore cette injuste persécution
comme le complément de sa gloire.

La réparation est arrivée enfin éclatante et solennelle Et que
n'ai-je pu convier, dirai-je à cette audience ou à cette fête,
tous ceux dont les vives sollicitudes nous ont ac compagnés
devant vous ! Que n'étaient-ils là , près de son vieux père qui
nous cachait ses larmes, près de son jeune fils qui venait
s'instruire à de si beaux exemples ! Que ne l'ont-ils entendu
quand ses accens gagnaient tous les cœurs, quand il dénon-
çait une à une toutes ces turpitudes devant lesquelles il
aurait fallu voiler la sainte image de la justice , et que les avocats , comme pour couvrir de leur robe ce siége d'ignominie si
ennobli aujourd'hui, se pressaient autour de l'orateur qui avait
changé la sellette en tribune éloquente, d'où sa voix ira trou-
bler plus d'un heureux coupable et consoler aussi d'augustes
infortunes.

Et puis, il me semblait voir à côté de Berryer les illustres
complices de ses sentimens et de ses doctrines, ces hommes
d'un grand nom, dont le pouvoir osa naguères violer la liberté, et qui avaient brigué l'honneur de venir s'asseoir près
de lui; et j'élargissais le banc des accusés, pour faire place à
Châteaubriand, place à Fitz-James , à Hyde de Neuville, à toutes les gloires de la France.

Et quand Berryer a été obligé de se trouver face à face avec
ce témoin, espèce de Bazile en uniforme, qu'un reste de pudeur
a exilé de votre audience, qui de nous n'écoutait avec admiration et pitié cet étrange dialogue, où d'une part se faisaient entendre des paroles toutes françaises, quand de l'autre il n'y
avait rien de français ni dans la langue, ni dans le cœur. Je li-
sais avec orgueil, sur le visage de ces guerriers, la douleur
qu'ils ressentaient de la honte faite à l'épée, et leur indignation
reconnaissante protégeait le généreux défenseur de leurs aînés
dans la carrière des armes.

Une nuit, messieurs, a passé sur ces rapides et puissantes émotions, mais elle ne les a point effacées; elle les a rendues plus
calmes et plus pures, et je sens que, devant tant de bonheur,
mes souvenirs n'ont plus rien de ce qui pourrait ressembler à
de l'impatience ou de la colère. Hier je revis Berryer au sortir
de cette enceinte; je ne pus l'embrasser qu'en arrivant à lui à
travers ses porte-clefs et ses sentinelles. Mais du moins son
âme était satisfaite, mais il allait dormir tranquille et consolé
le dernier sommeil de la prison : car il avait parlé à ses concitoyens, il leur avait ouvert son cœur tout entier; et ce brillant
auditoire où votre province a convoqué ses plus dignes représentans, était comme une grande cour de justice où toutes
les voix avaient déjà proclamé son triomphe.

Il est temps, messieurs, de suivre M. Berryer sur un plus
vaste théâtre. Ces études, ces enseignemens dont je vous parlais
tout-à-l'heure, de nombreux succès oratoires l'avaient préparé
aux combats parlementaires, et, dans sa vie d'avocat, il y avait
déjà toute une vie publique; le moment vient pour lui de passer
du barreau à la tribune. Il avait à peine atteint l'âge fixé par la loi
constitutionnelle, que ses concitoyens lui ouvrirent les portes de
la Chambre.

Les premières paroles de M. Berryer, consacrées à la discussion
d'une adresse devenue trop fameuse, tinrent tout ce qu'il avait
promis. « Voilà un beau talent !» dit un des collègues du nouvel
orateur. « Dites donc une puissance ! répartit M. Royer-Colard.
Jamais initiation fut-elle plus glorieuse ? Lorsque d'Aguesseau
débuta au parlement de Paris, le vieux président Talon s'écria :

« Je voudrais bien finir comme ce jeune homme commence. »

L'éclat de cette séance fut tel, messieurs, que les organes de l'opinion crurent à l'élévation prochaine de M. Berryer au ministère. Cependant on le vit s'éloigner de Paris en mai 1830 ; il ne devait y rentrer que le 4 août, après trois mois qui seront un siècle dans l'histoire. Dans l'intervalle, il présida le collége de la Haute-Loire, dont les suffrages devaient l'envoyer deux fois à la Chambre. Nous ne lui avons pas demandé les motifs de cette longue absence, trop certains qu'après de si douloureux événemens, quelque honorables qu'eussent été ces motifs, il aurait gardé le silence : l'amitié elle-même a ses mystères qu'il faut respecter.

Je passe sans m'arrêter sur un abîme, et je retrouve M. Berryer dans cette assemblée de législateurs qui nous a fait une révolution de la grande émeute des trois jours.

Que fera cet ami dévoué d'un trône abattu et d'une famille de rois traînée en exil ? Le verra-t-on donner ou suivre l'exemple d'une solennelle apostasie, et promener de pouvoir en pouvoir sa complaisante fidélité ? Non, messieurs, il ne faillira point à la cause de toute sa vie. Sa fermeté, sa bonne foi, le guideront sûrement, au milieu de ces terribles circonstances où il est souvent plus difficile de connaître son devoir que de l'accomplir.

Tant que dans cette Chambre, autour de laquelle rugit encore la fureur populaire, on ne propose que de simples modifications à la Charte, M. Berryer reste, le cœur brisé, sur les bancs déserts de la droite, se mêle à la discussion, et parvient même à introduire trois amendemens dans la Charte nouvelle.

Mais quand on veut détruire la loi fondamentale du pays, et adjuger, comme un joyau sans maître, la couronne de Louis XIV ramassée derrière une barricade, alors Berryer proteste ; il déclare qu'il n'a pas le droit de déshériter l'avenir d'un principe inviolable, placé au-dessus du vote d'une assemblée délibérante (1).

_____

(1) Apres l'abdication de Napoléon, en 1815, M. Dupin aîné prononça, à la Chambre des représentans, ces paroles remarquables : « S'il y avait

Mais la révolution avait déjà sa fatalité. En vain, pour désarmer les malédictions et les haines, la vieille royauté ne se présentait plus que sous les traits d'un enfant, tenant dans ses mains, comme le signe de la réconciliation par la gloire, la bannière qui, après avoir affranchi le berceau de la civilisation dans la Grèce, venait d'anéantir le dernier repaire de la barbarie en Afrique. L'holocauste s'accomplit et n'épargna pas même l'innocence. Mais Berryer du moins demeura fidèle à ses affections et à ses principes politiques ; et quand l'histoire demandera compte des grandes immolations de ce jour où l'on joua dans une urne les destinées de la France, elle honorera les noms de ceux qui n'embrassèrent l'autel que pour empêcher le sacrifice.

Bientôt M. Berryer dessine, d'une manière nette et précise, la situation politique que les événemens lui ont faite. Le principe, en vertu duquel s'était opérée une révolution, était la souveraineté nationale; on reconnaissait à la majorité le pouvoir de créer un gouvernement, de changer la loi de l'État. Chaque citoyen avait donc la faculté d'exprimer ses opinions, ses vœux, ses espérances, de tenter, par la discussion de ses doctrines, la conquête des opinions individuelles, et de les faire ainsi adopter par la majorité du pays. M. Persil, comme pour résumer ce droit, proclamait que *la souveraineté vient de la nation, qu'elle est inaliénable et imprescriptible* (1).

----

un accord tel que les deux Chambres, la capitale, la France entière dit : C'est tel roi que nous voulons, cette volonté publique deviendrait la nôtre ; on ne pourrait la méconnaître. Mais, dans l'état où nous sommes, pourriez-vous, en choisissant un roi, vous flatter de contenter tous les partis, de faire cesser toutes les divisions ? Non, messieurs, ce roi auquel vous donneriez vos suffrages, serait *le roi de l'assemblée et non le roi de la nation.* En le désignant, vous excéderiez vos pouvoirs ; réservez donc cette initiative au peuple....... » C'est de la nation qu'on doit attendre la proclamation d'un souverain; et c'est aussi pour cela que je vous ai déjà dit et que je vous répète : *Gardons-nous d'interpréter le vœu de la nation et de lui dicter un choix.* » (Séance du 22 juin.)

(1) *M. Persil :* On propose de supprimer le préambule de la Charte ;

Devant cette inauguration de la souveraineté populaire, placée au sommet du nouvel ordre politique, M. Berryer n'a dû abdiquer ni ses affections, ni ses doctrines; il les a gardées sous la garantie des maximes qui avaient prévalu, et sous la foi promise d'une entière liberté.

Quand, par une mesure qui est une monstrueuse anomalie avec le principe de la souveraineté nationale (1), on a demandé à M. Berryer un serment, il s'est soumis; mais il a déclaré tout haut pourquoi et comment il se soumettait:

« *La force ne détruit pas le droit*; la légitimité du pouvoir est un

---

ce n'est pas assez. Il faut proclamer le principe contraire, et en faire la base du droit public. Il faut dire qu'au peuple seul appartient la souveraineté. Il faut le dire pour légitimer la transmission de la couronne.... Il faut que le préambule soit composé de ces articles de la constitution de 91 : La souveraineté appartient à la nation; elle est inaliénable et imprescriptible... C'est la base sur laquelle vous vous appuyez; ayez le courage de le proclamer. (Séance du 7 août 1830.)

—Par suite de cette souveraineté populaire, la France était rentrée dans le droit naturel de se choisir un chef, et de lui dicter les conditions sous lesquelles elle consentait à le placer à sa tête.

Voilà le droit en vertu duquel le roi a été élu et la Charte rectifiée; droit imprescriptible, sous l'empire duquel toutes les nations se sont formées, et qu'elles ne peuvent pas perdre en vieillissant, et à mesure qu'elles font des progrès dans la civilisation. (M. Persil à la Chambre des pairs, affaire Kergorlay, 22 nov. 1830.)

(1) Souveraineté du peuple et serment sont deux choses difficiles à concilier. Si je ne me trompe, il y a peu d'inconséquences au-dessus de celle que je viens de vous signaler. (Lettre de M. Hyde de Neuville à M. Guizot, en date du 23 décembre 1831.)

—Les fonctions des membres des deux Chambres sont en tout politiques. Ils exercent, dans les assemblées auxquelles ils appartiennent, une portion de la souveraineté; ce qui n'a rien de comparable à la situation dans laquelle se trouvent les dépositaires de l'autorité publique. (M. Marschall, séance du 19 août 1830.)

—L'exigence du serment n'est qu'une mesure de parti qui ne *devrait être imposée ni aux électeurs, ni aux Députés, qui détruit un droit constitutionnel*, et que nous faisons le vœu renouvelé de voir disparaître de nos lois. (*Courrier Français* du 10 septembre 1832.)

» droit plus précieux pour les peuples que pour les races royales :
» mais quand la force domine dans un état, les particuliers ne
» peuvent que se soumettre, et les gens de bien doivent encore à la
» société le tribut de leurs efforts pour détourner de plus grands
» maux.

» Dans cette seule pensée, je crois de mon devoir de rester
» uni aux hommes honorables en qui je reconnais des intentions
» salutaires à mon pays, *et je me soumets* à prêter le serment *qui*
» *est exigé de nous* (1). »

Certes, messieurs, devant la franchise de ces paroles, il serait
ridicule autant qu'injuste de murmurer le reproche de restrictions
mentales. Je suis touché sans doute de la ferveur si édifiante,
quoique tardive, de certains hommes pour la sainteté du serment; ils oublient que leurs anathêmes remontent plus haut
qu'ils ne voudraient peut-être. Mais dans notre société, telle qu'on
nous l'a faite, en admettant la souveraineté populaire comme la
source de tous les pouvoirs, la question du serment est nécessai-
rement et toujours soumise au principe de cette souveraineté; et
en définitive, un Député mandataire de la nation souveraine n'est
engagé qu'envers cette nation même! (2)

Du reste, M. Berryer, assis sur les bancs de l'opposition, n'a
déguisé aucun de ses sentimens (3). Mais en protestant contre l'at-

---

(1) Séance du 11 août 1830. Il ne s'éleva pas une seule réclamation
dans la Chambre.

(2) Sous la dynastie des Bourbons, la royauté était un droit supérieur
à la volonté du peuple; mais sous le gouvernement actuel, qui a pour
principe la volonté nationale, il n'y a réellement que des conspira-
tions, des attentats matériels, des voies de fait qui puissent être re-
gardés comme contraires à la constitution. Partout ailleurs il n'y a que
des opinions; et toutes les opinions doivent être respectées, car elles
sont des élémens nécessaires de la volonté nationale. — (*Gazette de*
France, du 12 juillet 1832.)

— Le *Moniteur* du 10 août 1830 disait que, même à l'égard du
fonctionnaire public, le serment demandé n'était que l'*engagement de*
consacrer au bien public l'autorité dont il est revétu, et que *le prin-*
cipe du serment était le bien public.

(3) « Nous qui étions sincèrement attachés au gouvernement déchu,

teinte portée à la loi fondamentale de l'État, en réclamant pour le droit contre le fait, il n'a pas voulu déserter l'arène où l'avait appelé la confiance de ses concitoyens, qui ne lui a pas plus manqué après qu'avant 1830. (1) Fermement attaché, comme il vous l'a

---

nous qui avons adopté de bonne foi le principe de la légitimité, de la transmission régulière et incontestable du pouvoir, parce que nous reconnaissons dans ce principe la seule garantie pour les états, d'ordre, de stabilité, et par là même d'une liberté désirable, lorsqu'un gouvernement nouveau a été créé par vous, vous nous avez demandé obéissance ; nous l'avons jurée, nous nous sommes *soumis*; ce fut notre langage. » (M. Berryer, séance du 10 mars 1831.) — Voir aussi son plaïdoyer pour M. de Kergorlay.

— » ..... M. le Ministre des affaires étrangères vous disait dernièrement qu'il n'y avait pas d'homogénéité dans cette Chambre. Cela est vrai, telle est notre position, *nous ne sommes pas des hommes de juillet;* mais nous avons tous protesté de nos principes et de notre amour pour le pays ; nous avons déclaré que nous venions défendre ici les intérêts toujours chers et sacrés de nos concitoyens ... Nous avons montré assez de loyauté et de bonne foi pour que vous rendiez justice à nos pensées les plus intimes. Elles sont toutes en dehors ; *je n'ai jamais caché une de mes actions comme une de mes pensées.* » (Séance du 25 fév. 1831.)

— « Certes, nous ne délaisserons jamais des opinions que nous avons adoptées avec conscience, des sentimens que nous avons toujours reconnus honorables et salutaires; *jamais nous ne les abjurerons un seul jour de notre vie.* » (Sensation prolongée. — Très-bien.) (Séance du 10 mars 1831.)

(1) M. Dupin aîné explique ainsi sa position dans la Chambre des représentans. « Nous savions tous que l'acte additionnel n'était qu'un simulacre de constitution, aussi vicieux dans sa forme qu'insignifiant au fonds. Mais tous les amis de l'ordre convenaient que la plus imparfaite des constitutions est préférable à l'anarchie ; et l'acte additionnel fut accepté *faute de mieux, crainte de pis......*

« Dans l'état convulsif où Bonaparte avait plongé la France, chaque arrondissement avait certainement intérêt, et conséquemment droit de choisir un mandataire qui eût la volonté, le courage et les moyens de stipuler pour ses commettans. Les publicistes soutiennent qu'en pareil cas, il s'agit moins du pouvoir de celui qui *convoque,* que du pouvoir de celui qui *nomme,* et que *l'absence du monarque légitime* ne rend que

l'a dit lui-même, à des convictions politiques dans lesquelles seules il voit l'intérêt du pays, il a voulu, par les leçons de l'expérience et la liberté des discussions, éclairer les esprits sur les conséquences de cette révolution nouvelle, quant à notre repos intérieur, quant à l'allégement des charges publiques, la prospérité du commerce, l'honneur et la stabilité des relations amicales avec les autres états de l'Europe.

Le droit de faire ainsi triompher une doctrine par la discussion, et d'amener la majorité non pas à créer, mais à reconnaître la loi fondamentale du pays, un instant méconnue, un tel droit n'est point l'abus ou l'exagération, c'est, on ne saurait trop le redire, le premier et nécessaire effet du principe de la souveraineté populaire. Qu'on nie ce droit, cette souveraineté n'est plus qu'un mensonge; on pétrifie le présent, on enchaîne l'avenir (1).

---

plus nécessaire l'intervention du peuple qui gémit sous l'*usurpation*. Le mal n'était ni dans la collation du mandat, ni dans son acceptation; il ne pouvait naître que du mauvais usage qu'en ferait le mandataire.

« Au milieu de ces circonstances, le désir d'être utile à mes compatriotes m'a déterminé à accepter le mandat qu'ils m'ont déféré. Avocat et conseil de la plupart d'entr'eux, je n'ai pas cru changer de profession ni de ministère; j'ai seulement considéré que j'aurais une cause de plus à défendre, *celle de mon pays.* » . . . . . (Compte rendu aux Electeurs de Château-Chinon.)

(1) Ceux qui ont rayé l'article 14 de l'ancienne Charte, ceux qui se sont crus outragés par le préambule de cette même Charte... ceux qui tous les jours, disent : Notre royauté citoyenne, la royauté que nous avons voulue, que nous avons faite, qui tient de nous ses prérogatives, ses châteaux, ses millions, où placent-ils la souveraineté nationale, cette souveraineté dont ils sont membres, si ce n'est dans *le pouvoir de s'éclairer par l'expérience, et de refaire avec sang-froid et maturité, ce qui a été hasardé dans le tumulte d'événemens qui ne laissaient aucun esprit calme?* . . . . . (National du 26 octobre 1832.)

—Ou il faut rejeter le gouvernement du 7 août, où il faut reconnaître à la nation souveraine le droit de réformer ce qui est établi, de changer comme défectueuse une constitution improvisée en quelques heures,

Dira-t-on qu'avec de semblables maximes il y aurait insta-
bilité perpétuelle dans l'état? La faute est à ceux qui ont inoculé
au corps social ce principe dissolvant de la souveraineté populaire, qui ont déclaré cette souveraineté inaliénable, imprescriptible, c'est-à-dire, dominant toujours les faits accomplis
qu'elle peut toujours changer.

Il est triste sans doute de surgir au pouvoir porté par un
tel principe, d'être entraîné par les flots qu'on a soulevés soi-
même, et sur lesquels on croyait jeter l'ancre et dormir. Mais
il y aurait quelque chose de plus triste encore; ce serait d'être
infidèle à loi de son origine, et de déserter, par une scanda-
leuse contradiction, les plus simples conséquences des doctrines
proclamées au jour de la victoire, et sans cesse répétées depuis avec
tant d'emphase. Les hommes de 93 promulguaient aussi la souveraineté populaire et la liberté des opinions; plus tard, un de
leurs adeptes détrompé traduisait ces belles promesses par ces
mots : « La république ou la mort! pense comme moi ou je te tue! »
Avec les mauvais logiciens de la révolution de juillet, nous avons
l'échafaud de moins; mais l'absurdité est la même. Qu'on se sou-
mette donc à la loi qu'on a faite, ou qu'on l'efface du nouveau
code politique de la France.

On ne saurait désormais contester le droit de M. Berryer
comme citoyen, et surtout comme Député. Il est légitimiste; il l'a
toujours dit, au barreau, à la tribune; et à cet égard, messieurs,
tout vain détour de paroles serait une trahison plus encore
qu'une maladresse. Il est le représentant et l'organe des royalistes
de France qui peuvent exprimer leur opinion au même titre que
ceux qui en professent une contraire.

Cette opinion existe, messieurs, il faut qu'elle se produise en
liberté. Les mœurs, les intérêts l'ont enracinée comme dans

---

qui n'a été adoptée que par nécessité, ainsi que le porte la déclaration
du 7 août. La nation souveraine a le droit de changer de vœu à l'égard
de la branche cadette, comme vous soutenez qu'elle a eu le droit
d'en changer à l'égard de la branche aînée...

(*Gazette du 17 septembre 1832.*)

le sol même (1). Le soin avec lequel, on recherche son

---

(1) Lorsqu'on a sous la main une *légitimité véritable* que le temps a faite, *qui, pour avoir été suspendue, n'est cependant pas détruite;* qui a été et est propre à *redevenir* l'institution dont je viens de parler, il y aurait certes un étrange aveuglement à ne pas accueillir, à ne pas tenter les plus grands efforts pour profiter de tous ses avantages, *à s'imposer enfin la tâche de recommencer tout ce qui existe*, de récréer soi-même, et *avec mille périls*, et seulement pour l'avenir, ce qu'on peut conserver et accommoder au présent.

Ainsi, fermement persuadé que *la légitimité des trônes est une institution excellente, et que, pour être cette institution, la légitimité doit être ancienne, car autrement elle n'est pas*, je me demande par quel malheur la révolution serait condamnée à méconnaître et à repousser un tel bien. (M. Guizot, du Gouvernement de la France, 2ᵉ édition, pages 205 et 207.)

— *Sans la doctrine sacrée de la légitimité, il ne peut y avoir ni repos, ni bonheur pour la France*, et l'existence même de notre patrie est intimement *liée* à ce principe. (*Moniteur* du 21 mars 1817, lettre de M. d'Argout aux maires du département du Gard.)

— *Ce n'est pas pour la famille régnante que l'ordre de succession est établi, mais parce qu'il est de l'intérêt* de l'état *qu'il y ait une famille régnante*. La loi qui règle la succession des particuliers est une loi civile qui a pour objet l'intérêt des particuliers. Celle qui règle la succession à la monarchie est une loi politique, QUI A POUR OBJET LE BIEN ET LA CONSERVATION DE L'ÉTAT. (MONTESQUIEU, liv. 20, chap. 16.)

— La loi salique sera indisputable et FONDAMENTALE, tant que la France *aura le bonheur* d'avoir des princes de cette maison, *unique dans le monde*, qui règne depuis treize siècles. (VOLTAIRE.)

— C'est un objet digne de la sollicitude de V. M. que de mettre un terme aux maux qui affligent le Portugal, sans porter atteinte au *principe sacré de la légitimité, inviolable pour les rois non moins que pour les peuples*... La raison du peuple, mûrie par l'expérience et par la liberté des discussions, lui dit que *c'est surtout en matière d'autorité que l'antiquité de la possession est le plus saint de tous les titres*..... Sa conviction s'accorde donc avec son devoir pour lui présenter les *droits sacrés de votre couronne comme la plus sûre garantie de ses libertés*...
(Adresse des 221. 18 mars 1830.)

— Cette forme de gouvernement (le gouvernement représentatif) et la dynastie régnante se soutiennent mutuellement ; et je le dis parce que j'en ai la conviction, *il ne peut y avoir de véritable gouvernement représentatif en France qu'avec la maison de Bourbon.* (Discours du général Foy, 12 mars 1820, tome 1er de ses discours, page 46.)

— Il existe une énorme différence, pour la *sécurité d'un gouvernement,* entre une dynastie consacrée par le temps, comme par une juste communauté d'intérêts avec les autres maisons régnantes, et des gouvernemens provisoires ou des *dynasties nouvelles, inquiétantes pour les anciennes, et par cela seul toujours incertaines et mal assurées.* En vain le fondateur d'une nouvelle dynastie est un héros, un grand homme. Tant qu'une longue suite d'années n'a pas consolidé son ouvrage, il n'a *bâti que sur le sable.* Chêne colossal, il étend au loin son vaste ombrage ; mais il n'a pas de racines dans les entrailles de la terre. (M. Bignon, discours du 2 juin 1828.)

— Ce n'est pas tout de se déclarer monarque héréditaire ; ce qui constitue tel, ce *n'est pas le trône qu'on veut transmettre, mais le trône dont on a hérité.* On n'est monarque héréditaire qu'après la seconde génération : jusque là l'élection peut bien s'intituler monarchie ; *mais elle conserve l'agitation des révolutions qui l'ont fondée. Ces* PRÉTENDUES DYNASTIES NOUVELLES *sont aussi orageuses que les factions ou aussi oppressives que la tyrannie :* c'est l'anarchie de la Pologne ou le despotisme de Constantinople : SOUVENT C'EST TOUS LES DEUX.

(Benjamin Constant, *de l'esprit d'usurpation.*)

— En 1803, Bonaparte fit proposer à S. M. Louis XVIII de renoncer à ses droits à la couronne de France. On sait la noble réponse du monarque exilé.

Tous les princes de la maison de Bourbon, dans une déclaration solennelle, donnèrent leur adhésion au refus de Louis XVIII. Cette pièce historique, signée de Louis-Philippe d'Orléans (aujourd'hui roi des Français), et des deux princes, ses frères, alors vivans, se termine par ces belles paroles : «... si l'injuste emploi d'une force majeure par-» venait (ce qu'à Dieu ne plaise) à placer de fait, *et jamais de droit,* « sur le trône de France tout autre que notre *roi légitime,* nous sui-« vrons, avec autant de confiance que de fidélité, la voix de l'honneur, » qui nous prescrit d'en appeler jusqu'à notre dernier soupir à Dieu, aux » Français et à notre épée. »

— L'*Ami de l'Ordre* de Nantes, la *Quotidienne* et la *Tribune* du mois d'août 1831, ont publié une déclaration faite, en 1816, par le duc d'Or-

alliance, ou l'ardeur qu'on met à la poursuivre, tout démontre combien elle est forte et vivace. Et d'ailleurs, après nos quarante années de luttes politiques, lorsque nous avons vu passer dans tant de mains la puissance et le glaive, croit-on pouvoir condamner une opinion à l'oubli? Qu'on anéantisse donc, si on le peut, les impressions, les sentimens, les souvenirs, les intérêts que cette opinion a fait naître.

Eh quoi! messieurs, toutes les doctrines auront leurs partisans, leurs organes avoués ; nous aurons des républicains à bonnet rouge, à *triangle d'acier ;* la jeune Amérique essaiera, par l'invasion de ses principes, la conquête de notre vieille Europe ; et le droit de cité serait dénié à l'opinion légitimiste !

Il serait défendu de penser et de dire qu'il est funeste de déplacer la souveraineté de ses bases séculaires ; que la France n'est pas un pays neuf, sans traditions, sans passé, sans mœurs nationales ; qu'on ne refait pas une société comme un édifice, et

---

léans. Dans cette réponse à de perfides insinuations, on remarque le passage suivant :

« ... Français, on vous trompe, on vous égare. Mais qu'ils se trompent surtout ceux d'entre vous qui s'*arrogent le droit de choisir un maître,* et qui, dans leur pensée, outragent par de séditieuses espérances *un prince, le plus fidèle sujet du roi de France, Louis XVIII.*

Le principe IRRÉVOCABLE *de la légitimité est aujourd'hui la seule garantie de la paix en France et en Europe. Les révolutions n'en ont fait que mieux sentir la force et l'importance.*

« Français, je serais fier de vous commander, mais seulement si j'étais assez malheureux pour que l'extinction d'une branche illustre *eût marqué ma place au trône.* »

— En 1815, M. Dupin invitait, dans une circulaire, les électeurs de Château-Chinon « à n'envoyer à la Chambre des députés que des *sujets fidèles,* ennemis de l'usurpation, *amans de la légitimité.* »

—Bonaparte a résumé toutes ces doctrines dans ce mot profond : « Si seulement j'eusse été mon petit-fils ! » (Mémorial de Sainte-Hélène.)

Il faut borner ici des citations déjà trop longues ; elles montrent du moins dans quels rangs et jusqu'où les légitimistes peuvent aller chercher des complices de leurs principes.

qu'on ne rebâtit pas toujours facilement avec les ruines qu'on a faites ; qu'il est imprudent de tenter les hautes mers, quand on ignore si le rivage inconnu où l'on nous pousse nous garde un port ou un écueil ; que c'est une illusion fatale de croire que la France arrivera au but désiré , en s'abandonnant à d'aventureuses théories ; et que si, dans nos amphithéâtres, on ne jette que des cadavres au scalpel des novices dans l'art de guérir, il est dangereux de livrer le corps social tout vivant aux essais hasardés de tant de novateurs politiques.

Au milieu de tous ces systèmes, auxquels manque l'expérience ou qu'elle a déjà condamnés, à nous, messieurs, il appartient de proclamer qu'il faut à la France une monarchie qui ne manque pas de ses élémens les plus essentiels, mais une royauté largement assise sur les intérêts nationaux, qui s'allie avec toutes les libertés dont elle doit être la première et la plus puissante garantie. Car nous aussi nous comprenons notre siècle, le temps aussi a fait notre éducation politique, et nous savons par quelle route progressive il faut marcher vers l'avenir.

Et quand donc, messieurs, nous fut-il permis plus qu'aujourd'hui d'avoir foi dans nos doctrines ? Regardez autour de vous et jugez. Une lutte violente s'est engagée entre ceux qui fraternisaient après la victoire, et nul ne saurait prévoir l'issue de ce combat qui effraie ceux même qui voudraient se borner au rôle de spectateurs. On cherche partout un point d'arrêt sur la pente rapide au bout de laquelle on pressent un abîme. Les hommes à qui la restauration faisait *mal au cœur*, n'ont passé au pouvoir que pour constater leur impuissance à tirer de cette mine avare que l'on creuse depuis deux ans, une pierre où asseoir un monument durable : impuissance fatale, qui a détruit bien des illusions, découragé bien des espérances, et même ouvert plus d'une tombe avant le temps !

M. Berryer, s'étant ainsi fait une position franche et indépendante au milieu des partis, s'est mêlé activement aux discussions de la tribune.

C'est lui, messieurs, qui le premier proposa d'élargir les bases du suffrage électoral, pour avoir une image fidèle et non une représentation mensongère de la France. Dès 1824, il avait provoqué sur cet important sujet l'attention de ses amis au pouvoir, en leur rappelant leurs opinions de 1817 si libérales et si populaires. Il savait qu'un système électoral agrandi livrerait la société à ses influences naturelles, tandis que le système actuel la livre à des majorités factices. Il voulait creuser plus avant pour trouver une élection sincère qui échappât à l'action des partis par son étendue même (1).

A ces raisons, 1830 ajoutait les principes sortis d'une révolution nouvelle. M. Berryer ne comprenait pas une souveraineté nationale qui ne voit la nation que dans 150,000 électeurs (2), qui

---

(1) « ..... Avec ce système, qui se prête à des calculs de telle ou telle opinion tour à tour triomphante, les partis font tour à tour leurs combinaisons, excluent telle ou telle opinion. Je ne vois là que la représentation des passions dans le moment où elles triomphent, et non pas la représentation véritable des intérêts permanens du pays. Tel a été, à mon avis, le vice de notre système représentatif pendant quinze ans. » (M. Berryer, Chambre des Députés, 25 février 1831).

— « Dans la loi des élections, un principe mesquin et vicieux a été suivi : il résulte du système adopté que toute l'action de la puissance du pays est livrée à la seule classe moyenne ; que les classes inférieures sont exclues de toute participation à l'exercice des droits politiques, et que les classes supérieures, enchaînées dans l'impuissance d'une minorité, voient paralyser leur légitime et nécessaire influence. » (Séance du 10 mars 1831.)

— On peut dire du système électoral, comme l'entend M. Berryer, ce que disait le général Foy du système municipal qu'il appelait de ses vœux : « C'est dans l'organisation des communes, dans l'assimilation des » administrations départementales aux formes représentatives, que les » notabilités personnelles ou héritées, les bonnes renommées et toutes » les influences légitimes trouveront leurs places; et c'est là que les » suffrages populaires iront les prendre pour les porter à la direction du » corps social. » (Le général Foy, mai 1820.)

(2) « Sous la Charte royale, le droit de concourir à l'élection était une concession de l'autorité royale. Je comprends qu'en faisant une concession on impose des conditions; que l'on dise : Nul ne pourra concou-

exclut les neuf dixièmes des capacités, et ne donne pas même l'électorat aux gardes nationaux et aux jurés; en sorte qu'on ne juge pas dignes de voter, une fois tous les cinq ans, ceux à qui l'on confie la garde armée des institutions et du sol de la patrie, et ceux qui prononcent chaque jour sur la vie et la liberté des citoyens, et sur les plus hautes questions politiques.

Que ceux qui ont accusé M. Berryer d'exagérer la liberté pour la corrompre et la perdre, réfléchissent à l'immense danger qu'il y a de traiter avec tant de défiance un peuple qui a donné une couronne, et auquel, maintenant que la vie publique a pénétré partout, on accorde moins de droits qu'aux jours où l'on dit qu'il était esclave. C'est pour le repos du pays que M. Berryer a voulu ouvrir un cours paisible et régulier à la fermentation des idées qui s'agitent au sein des masses. Il faut au peuple du bonheur matériel pour le distraire de ses ambitions politiques; sinon, vous avez beau vous renfermer dans vos comices, les portes, fussent-elles d'airain, se fondront au souffle de sa colère. Lyon, Grenoble, Paris, ont fait craindre aux moins timides que le peuple, chassé par les lois de la participation aux affaires, ne s'accoutume à y rentrer par les émeutes. Le monopole électoral soulève incessamment les pavés, et remet notre avenir à la sanglante délibération des rues.

Déjà, messieurs, une expérience de quelques mois a sanctionné les doctrines de M. Berryer. Son opinion, isolée d'abord, est devenue celle de tous les journaux indépendans (1). Tous sont

---

rir à l'élection s'il ne paie 300 francs d'impôt, si c'est là une limite à une concession faite. Mais aujourd'hui que vous avez adopté dans votre ordre politique un principe tout contraire, la souveraineté nationale, je ne comprends plus le cens fixe qui vient prononcer de véritables exclusions. » (M. Berryer, séance du 25 février 1831.)

(1) Le corps électoral ne représente pas le pays; et il faut de toute nécessité, pour se remettre dans le vrai, une réforme parlementaire. (Courrier français du 13 septembre 1832.)

— L'Angleterre a eu sa réforme parlementaire, nous aurons bientôt la nôtre. (National du 23 août 1832.)

— Que la demande d'une modification de la loi électorale excite chez le parti doctrinaire une extrême irritation, nous le comprenons, parce

3

amenés là par la force des principes, et aussi par le besoin de savoir ce que veut le pays que chacun fait parler au gré de ses désirs
et de ses passions. Le cri de la réforme parlementaire sera bientôt
aussi national chez nous qu'au-delà de la Manche. Jour heureux
où il n'y aura plus de partis, et où nous aurons enfin une
France!

M. Berryer a suivi le développement des mêmes doctrines à
l'égard des libertés municipales qui furent l'objet de ses constantes
études. Ses idées sur ce point, déjà populaires à la banlieue de Paris, doivent avoir ici une nationalité plus profonde. Ecoutez, messieurs, comment cet homme parle de vos droits et de vos intérêts:
« ...S'il est un besoin, dit-il, qui se fait sentir sur tous les points
» du royaume, c'est de briser cette centralisation, née de la répu-
» blique et de l'empire, joug odieux et insupportable à nos pro-
« vinces. Si vous considérez attentivement la situation présente
» du pays, vous ne pourrez douter que le résultat des changemens
» survenus sous nos yeux ne soit l'émancipation des intérêts pro-
» vinciaux. Nos départemens peuvent et doivent désirer de recon-
» quérir le droit de faire leurs affaires eux-mêmes. Les efforts, j'en
» suis convaincu, ne manqueront pas de toutes parts pour atteindre
» ce but; et si vous laissez ce sentiment général se manifester par
» des mouvemens spontanés, par l'action propre des localités, ne
» doit-on pas redouter les plus grands désordres dans le pays?
» Pour prévenir ce mouvement désordonné que je signale comme

---

que ce parti est l'auteur, et par conséquent le défenseur intéressé de
la législation dont les vices se font sentir chaque jour davantage. La loi
des élections, qui lui assure le monopole de la représentation nationale,
fait toute sa fortune, et il ne doit entendre parler qu'avec colère de ce
qui pourrait déranger ses calculs en altérant son ouvrage. (Journal du
Commerce, du 20 septembre 1832.)

—Une des lois les plus funestes depuis la révolution de Juillet, est sans
contredit la loi électorale de 1830 : elle a démenti le principe populaire de notre régénération politique. Une réforme parlementaire! tel
doit être le *delenda Carthago* de la presse. (Le Progressif de l'Aube, du
septembre 1832.)

» une conséquence naturelle, immédiate de notre dernière révo-
» lution, *il sera sage à la Chambre des Députés d'introduire peu à*
» *peu dans la législation des modifications qui doivent satisfaire*
» *et les intérêts et les vœux des provinces.* (1) »

Ces dernières paroles prouvent aussi avec quelle sagesse M. Berryer demanda toujours les améliorations successives de nos droits
et de nos libertés.

En faut-il encore un mémorable exemple? La loi sur l'impôt de
quotité substitué à l'impôt de répartition, rencontra dans M. Berryer un ardent adversaire : car cette déplorable mesure financière
portait en naissant tous les germes d'inquiétude et de troubles qui
devaient soulever tant de mécontentemens dans le pays. L'orateur
termina son discours par ces mots : « Ce n'est pas l'esprit d'oppo-
» sition qui m'a fait monter à cette tribune pour repousser la loi
» qui vous est présentée. Si j'étais animé d'un pareil sentiment,
» j'en voterais l'adoption ; car j'ai la conviction que rien ne peut
» être plus funeste qu'une loi vexatoire qui, en changeant un
» système d'impôt, produirait sur toute l'étendue du territoire
» une lutte perpétuelle contre le fisc. Mais je ne consulte que
» l'intérêt de mon pays... (Mouvement d'adhésion) (2). »

Un an ne s'était pas écoulé, messieurs, que le ministère était
forcé de venir déclarer à la tribune l'urgence d'abandonner
son système.

En parlant de l'opposition consciencieuse de M. Berryer, il ne
faut pas oublier le jour où le ministère, harcelé de toutes parts
vint offrir à certaines répugnances l'holocauste de la pairie, qui,
mutilée déjà dans la nuit du 7 août, achevait de mourir complice
de son propre anéantissement. M. Berryer voulut en vain ranimer
la faiblesse de ces hommes d'état, qui, désertant leurs propres
convictions, présentaient une loi dont le rejet était leur plus
chère espérance. Cette fois du moins le ministère applaudit en
secret à l'orateur de la droite, et les paroles de M. Berryer reste-
ront comme une belle oraison funèbre de la pairie héréditaire, et

---

(1) Séance du 4 février 1831.
(2) Chambre des Députés, 20 janvier 1831.

comme un monument de plus de son indépendance et de sa franchise politique (1).

M. Berryer a pensé qu'outre ces grandes questions de pouvoir et d'organisation sociale, il avait à défendre aussi de nombreux intérêts qui ne sont pas moins précieux quoique d'un ordre moins élevé.

Vous avez gardé, messieurs, un souvenir reconnaissant de ses constans efforts pour obtenir la diminution des impôts. Loin d'aller au devant de tous les sacrifices avec une servile satisfaction, on l'a vu disputer à d'insatiables demandes l'or du pays; combattre des mesures qui, en perpétuant le provisoire, amenaient tant de perturbation dans les finances, et ces expédiens funestes qui n'ont jeté que quelques millions dans le gouffre qui en a tant englou-tis, et n'ont enrichi le trésor un jour qu'en appauvrissant la confiance publique. Dans toutes les questions d'argent qu'animait sa vive éloquence, M. Berryer a souvent étonné les maîtres expé-rimentés en cette matière qui paraissait étrangère aux études de sa vie : il a prouvé par là combien cet homme, que l'on présente comme absorbé par des complots, s'était préoccupé des intérêts matériels de la France, et avait pénétré profondément dans toutes les spécialités qui les concernent (2).

M. Berryer est resté à la Chambre, pour y défendre des droits qui ne sont jamais plus menacés qu'après les commotions poli-tiques. Il a combattu, dès ses premiers actes, ce régime qui com-mença par les visites domiciliaires et qui devait finir par l'état de siége. Il avait mission de plaider au profit de tous la cause de la liberté, lui qui l'a toujours voulue ; car on ne trouvera pas une loi d'exception qu'il ait appuyée, un acte arbitraire qu'il n'ait flétri.

M. Berryer est resté à la Chambre pour venger la restauration

(1) *Id.*, 5 octobre 1831.

(2) Voyez les discours de M. Berryer sur l'impôt de quotité et de ré-partition, sur le fonds commun de l'indemnité, sur la vente des forêts, sur l'état financier de la restauration, sur les douzièmes provisoires, etc. 20 janvier, 5 et 13 avril, 10 et 12 décembre 1831, etc.

de beaucoup de calomnies ; mais en réhabilitant cette grande
époque dans le passé, il a laissé entrevoir toutes les améliorations
dont il fallait doter son avenir.

M. Berryer est resté à la Chambre pour y soutenir ces maximes
de morale politique que les pouvoirs nouveaux immolent trop souvent à des colères irréfléchies. Plus d'une fois il a parlé tout haut
le langage de la conscience publique, afin d'empêcher la prescrip-
tion du silence contre les principes.

C'est ainsi, messieurs, que, dans une occasion solennelle, il
conjura la révolution de juillet de faire un divorce éclatant avec 93;
il la supplia de conserver ses honneurs funèbres à la mémoire d'un
prince que la France de 89 salua du nom de restaurateur de la liberté (1).Mais la main qui n'ose r'ouvrir les portes de Saint-Ger-
main-l'Auxerrois, ne pouvait ajouter une pierre au monument ina-
chevé de Louis XVI. Le culte du 21 janvier ne vit plus que dans
nos souvenirs ; et la France du moins, qui ne douta jamais de l'innocence du roi que Malesherbes et Desèze défendirent, invoquera
toujours deux saints Louis dans ses prières.

Et quand le pouvoir protégé par l'oubli contre les rois morts,
voulut se protéger par la proscription contre les rois vivans, la voix
de M. Berryer ne fut pas muette : il avait droit de couvrir de son
respect, dans leur infortune, ces princes auxquels il fit entendre
la vérité au temps de leur grandeur. Après avoir démontré l'inu-
tilité de ces lois dont se joue l'avenir, « Permettez — moi,
» dit-il, de demander avec les convenances qu'une telle question
» réclame, avec la *discrétion que le respect à la loi établie doit*
» *toujours imposer*, permettez-moi de demander si l'on a bien ré-
» fléchi quand on a pensé à provoquer aujourd'hui une loi sur
» une pareille proposition. Et qui la sanctionnera cette loi.....
» Qui?.... (2). »

Elle a été sanctionnée pourtant. Ah! prince, ah! sans doute

---

(1) Séance du 23 décembre 1831, discussion de la proposition de
M. Portalis.

(2) 16 mars 1831. Discussion de la proposition de M. Briqueville.

d'impitoyables raisons d'état vous arrachèrent la funeste sanc-
tion,

Et, plaignant les malheurs attachés à l'empire,
Je voudrais, disiez-vous, ne savoir pas écrire.

Ici, messieurs, je ne puis taire une des plus vives émotions que
j'aie rapportées de votre dernière audience. C'était hier un funèbre anniversaire; 16 octobre, jour fatal où une main de bourreau osa profaner la beauté d'une femme et la grandeur d'une
reine. Hier, à l'heure où Marie-Antoinette mourut, Berryer était
là, Berryer accusé pour sa fidélité, envoyant à tous les cœurs les
nobles sentimens qui l'animent; Berryer dont la voix prophétique
avait dit que la proscription des têtes couronnées ouvrait carrière
à tous les soupçons du pouvoir, et menaçait quiconque passerait
une nuit sous le même toit qu'un Stuart! et de cette place où naguère un brillant orateur (1) fesait l'apothéose des Malesherbes,
j'entendais retentir, dans cette enceinte, ce nom de Bourbon si connu de l'adversité; et ces religieux souvenirs me sem-
blaient presque consacrer devant ses juges celui qui défendit
avec tant d'éloquence la mémoire de ces grandes majestés du
malheur.

Arrêtons-nous, messieurs, sur ces touchantes pensées. Aussi
bien n'ai-je pas le dessein de parcourir dans tous ses détails la
carrière politique de M. Berryer; il me suffit de vous en avoir
présenté l'ensemble, de vous avoir montré l'origine toute
française de ses opinions, et, dans des épreuves si diverses, sa
constance à des principes auxquels il ne sera jamais infidèle.

Ce simple exposé de la vie publique de M. Berryer répond au
grief étrange que lui a fait l'accusation d'avoir *abusé de la liberté
de la tribune.*

J'avoue, messieurs, que la hardiesse d'un pareil langage
m'étonne, et je ne sais en vertu de quel droit un procureur-gé-
néral s'arroge cette haute censure qui n'appartient qu'à la
Chambre, pour menacer du fond d'un parquet l'indépendance et

_____

(1) Me Janvier qu'admirent tous ceux qui l'ont entendu.

l'inviolabilité de la représentation nationale (1). M. Berryer, comme député, ne pouvait rencontrer ici ni accusateurs, ni juges; mais sa plus belle justification est dans l'usage qu'il a fait de ses prérogatives parlementaires.

Lorsque la Chambre fut dissoute en 1331, plusieurs colléges électoraux (2) donnèrent à M. Berryer, les uns la couronne civique de la députation, les autres de nombreux suffrages. A cette époque, il avait plus d'une fois manifesté sans détour ses principes politiques à cette tribune dont une accusation téméraire lui reproche d'avoir *abusé*. Ses doctrines, ses affections, ses espérances, n'étaient un secret pour personne. M. Berryer a donc pour complices tous les électeurs dont il a conquis les votes; et on lui a fait un procès criminel pour des opinions sur lesquelles le pays a déjà prononcé. Car c'est aussi un jury que la France électorale, où l'on juge ceux qui comparaissent devant ces solennelles assises de la nation.

M. Berryer était heureusement inspiré, messieurs, lorsque, voulant encourager notre jeune amitié, il vous a dit qu'il serait bien défendu. En effet, il s'est défendu lui-même par toute sa vie politique, par ses doctrines, par ses discours qui sont les véritables actions de l'homme public. Je me souviens (car

---

(1) Ceci me rappelle une singulière coïncidence. *La Gazette universelle d'Ausbourg* publiait naguères, sous la rubrique de Francfort-sur-le-Mein, une lettre où on lit : « .. On parle dans le public des » mesures que la Diète prendrait prochainement contre les personnes » qui se sont attiré au plus haut point la désapprobation *par l'abus de* » *la liberté de la parole à la tribune parlementaire.* » (*National* du 20 août 1832.) Je ne sais s'il faut attribuer l'honneur de l'initiative à la Diète ou aux parquets de l'Ouest. Dans tous les cas, il est frappant qu'on ait chez nous, comme au-delà du Rhin, cette velléité libérale de châtier certaines indépendances. On ajoute que les orateurs dont on se plaint à Francfort, et qui occupent des chaires académiques, perdront leurs places. Mais comment destituer M. Berryer ?

(2) Yssengeaux, Le Puy, Marseille, Allais, Castres, Pamiers, Foix, Lille, Quimperlé, etc.

dans cette cause je suis comme assiégé des plus honorables souvenirs), que lorsqu'en 1816, M. Berryer disputait le général
Debelle à la mort, il raconta comment ce général avait usé de son
pouvoir pour sauver plus d'un royaliste que le redoutable trans-
fuge de l'île d'Elbe voulait immoler à ses vengeances. « Envi-
» ronné de ce cortége, s'écria-t-il en terminant, Debelle est in-
» vulnérable. » Et moi aussi, messieurs, je range autour de lui
tous les accusés, toutes les libertés publiques, tous les droits légitimes qu'il a défendus, et je m'écrie à mon tour : Environné de
ce cortége, Berryer est invulnérable !

Er pourtant, messieurs, voilà l'homme dont on a par trois fois
demandé la tête ! A la vue des sanglantes erreurs de cette accusation capitale, je suis tourmenté d'une pensée que je livre à
vos consciences; c'est un cri de douleur qui part de la mienne.

Depuis quarante ans, les partis, tour-à-tour vainqueurs et
vaincus, déshonorent la scène politique en mettant l'échafaud dans
toutes leurs querelles. Je ne sais quelle fatalité les pousse à frap-
per toujours, à rendre la France veuve de ses plus dignes enfans,
et à faire de nos annales le martyrologe du génie et de la gloire.
Leurs vengeances réactionnaires laissent aux générations qui sui-
vent le triste devoir de peupler ou de dépeupler nos Panthéons,
et de remplir nos places publiques de monumens réparateurs.

Dans ces fastes lugubres, la patrie éplorée inscrit ce Lavoisier
qui ne demandait que trois jours à la mort pour nous léguer un
chef-d'œuvre; Chenier, jeune cygne étouffé par le bourreau; et
Custine et Charette, Bailli et Barnave près de Malesherbes, et
Ney avec Talmont et d'Enghien, et tous ces hommes illustres
qu'en vain nos regrets appellent dans les fêtes des arts, ou
lorsque sonne l'heure des combats, ou lorsqu'arrive la solennelle
discussion des intérêts du pays.

N'est-ce donc pas assez de tant de si chères victimes ?
fallait-il un nom de plus sur la liste fatale ?

www.ingramcontent.com/pod-product-compliance
Lightning Source LLC
Chambersburg PA
CBHW071441200326
41520CB00014B/3789